KAT
met hoofdletter K

TEKST — SISKA GOEMINNE
ILLUSTRATIES — SEBASTIAAN VAN DONINCK

Wie niet sterk is, moet slim zijn.
En veel fantasie hebben.

LANNOO

Er was eens…

Zoals er al honderden 'er was eenzen' geweest zijn.

Deze keer was er een koekjesfabriek,
een fabrikant met drie zonen,
en een kat.

De koekjesfabriek lag aan de rand
van een drukke stad in een groot land.
Ze maakte dag en nacht de lekkerste koekjes,
vierkant en rond, met suiker of zonder.
In de stad kon je het overal ruiken:
de zoete geur van koekjesdeeg.

Maar midden in de
zomer, op een lome
dag, ging de fabriek
plots dicht.
De mensen staken
verbaasd hun neus
de lucht in.
Wat was er aan
de hand?

De koekjesfabrikant
was dood.
Zo dood als een
meikever in juni.

Gelukkig had de fabrikant drie zonen.
Johnny, Jamie en Jeff.

Jeff kreeg de fabriek.
Hij joelde, maakte een rondedansje en
zette de koekjesmachines weer in gang.

Jamie kreeg de vrachtwagen.
Hij glunderde en liet de motor loeien.

Johnny kreeg de kat.
Hij krabde zich verbaasd op het hoofd.

Toch kreeg Johnny het strafste geschenk van de drie.
De kat was niet zomaar een gewone, stomme kat.
Hij was de slimste, de snelste, de sluwste kat
van de stad en zelfs van het land.

Hij gluurde naar die domme Johnny,
likte zijn linkervoorpoot en grinnikte vals.
Helaas voor Johnny
was hij een kat met een plan!

'Stop met krabben, man', snauwde hij.
'En geef me laarzen en een rugzak.'
Johnny verslikte zich van schrik.
'Vlug een beetje!' siste de kat.
Verbouwereerd deed Johnny wat het beest hem zei.

De kat trok de laarzen aan en knikte tevreden.
'Da's een begin. Nu je naam nog.
Met een naam als Johnny kom je nergens.
Jij bent… de Markies van Carabas! … En ik?'
Hij lachte spottend en maakte een diepe buiging.
'Ik ben Kat, met hoofdletter K.
Knoop het in je oren en wacht hier op mij.'

Johnny opende zijn mond om iets te zeggen,
maar in diezelfde seconde was Kat al weg.

In het allermooiste park van de stad lag Kat op de loer.
Hij lag doodstil op zijn rug in het gras.
Geen haartje aan hem bewoog nog,
zijn laarzen glommen in het zonlicht.
Naast hem lag de rugzak, opengesperd als de bek van een hongerige vogel.
In de zak zat hooi, heerlijk geurend naar volop zomer.
Kat lachte in zijn vuistje en wachtte geduldig.

Tot een vet, wit konijn snuffelend de zak in kroop.
Kat sprong op, knoopte de zak dicht,
gooide hem over zijn schouder en vertrok.
Naar de belangrijkste man van de stad: Fiorello Henry La Guardia.

Met een zwaai van zijn hoed boog Kat diep
voor de man achter het bureau.
'Goeiemorgen, beste burgemeester van de
mooiste en de grootste stad van het land',
zo vleide Kat.
'Ik ben Kat, met hoofdletter K, en ik breng u…'
Hij schudde de zak leeg.
'… een geschenk van de Markies van Carabas!'

Fiorello Henry La Guardia knipperde verrast
met de ogen.
Midden in de kamer op het chique tapijt zat
een vet, wit konijn.
Hij opende zijn mond om die beste Markies
te bedanken…
Maar in diezelfde seconde was Kat al weg.

In het park van de stad was Kat weer op jacht.
Hij stond roerloos achter een beukenboom en loerde naar de vijver.
Zijn vacht glansde als zilverpapier,
de pluimpjes op zijn hoed hielden zich muisstil.
Bij de boom lag de zak, opengeslagen als een reusachtige hand.
In de zak zat brood, knapperig, geurig, vers uit de oven.
Kat wachtte geduldig. Urenlang.

Tot een schitterende witte zwaan domweg de zak in kroop.
Kat sprong op, knoopte de zak dicht en grijnsde voldaan.
Alles verliep volgens plan.

'Goeiemiddag, beste burgemeester
van de lekkerste en de rijkste stad van het land', zo fleemde Kat.
Met een zwaai schudde hij de zak leeg.
'Dit is een cadeau van de Markies van Carabas!'
De zwaan fladderde op, vloog een rondje door de kamer
en streek toen neer op het bureau van Fiorello Henry La Guardia,
waar hij van schrik iets dropte.

De burgemeester fronste de wenkbrauwen.
Wie was die Markies van Carabas?
Dat wilde hij weleens weten!
Hij opende zijn mond om...
Maar Kat was al weg.

Intussen zat Johnny op een bankje naast de fabriek.
Hij krabde zich achter zijn oor, pulkte in zijn neus
en knabbelde op een koekje met suiker.
Zijn broers waren druk in de weer.
Kat was al heel lang weg,
Johnny wist niet wat hij ervan moest denken.

Net toen hij scheefzakte om een dutje te doen,
verscheen er een wolk stof in de verte.
Hij kwam snel dichterbij en Johnny herkende Kat
die op zijn fluwelen laarzen pijlsnel aan kwam lopen.

'TIJD VOOR ACTIE!' riep Kat.
'Loop meteen naar de rivier en spring erin,
zo bloot als een pier.'
'Wat?!' hapte Johnny naar adem.
'Bloot als een pier en vlug een beetje', blies Kat.
Johnny wilde protesteren,
maar Kat schoot alweer weg
als de kogel uit een pistool.

De rivier glinsterde in de avondzon,
de geur van koekjes hing over de stad.
De straten waren vol mensen, smal en rond,
met kinderen of zonder.
Ze lachten en likten een ijsje.
Ze keken en ze wezen, met grote ogen.

Door de stad trok de allergrootste stoet.
Reuzenballonnen zweefden hoog boven de hoofden,
hoger dan de huizen,
hoger dan de hoogste torens.

Traag gleed de slee van de burgemeester
door de straten, langs de rivier.
Een mooi meisje zat op de achterbank.
Verrukt keek ze naar buiten, naar de reuzen in de lucht.
Maar plots zag ze iets wat nóg vreemder was…

'Papa, STOP!'

Fiorello Henry La Guardia remde uit alle macht.
Voor de auto sprong een kat op en neer.
Het was dat dekselse beest weer!

'Mijn meester verdrinkt', krijste hij. 'Hij is bestolen! Help!
Help! De Markies van Carabas verdrinkt!'

Fiorello Henry La Guardia en zijn mooie dochter keken tegelijk naar de rivier.

In het water spartelde een jongen.

Druipnat en poedelnaakt zat Johnny
op de achterbank naast Fiorella.
Ze was wonderschoon, de burgemeestersdochter,
en hij durfde niet goed naar haar te kijken.

Fiorella keek wél. Ze vond het prima, wat ze zag.
Hij leek niet al te slim, maar hij mocht er wezen,
die Markies van Carabas.

'Papa!' knipoogde ze enthousiast naar haar vader.
Maar Fiorello Henry La Guardia schudde het hoofd.
Die jongen was te bloot.

Ze hielden halt bij de beste kleermaker
van de stad en Johnny werd in een
deftig streepjespak gestoken.
Als hij niets zei, dan zag hij eruit als
een baron of een graaf, zelfs als een
markies.

Fiorella straalde en Fiorello Henry
La Guardia knikte tevreden.
'Kom een glaasje bij ons drinken,
beste Markies van Carabas.'
Johnny lachte onnozel.
Stiekem keek hij om zich heen.

Waar was Kat?

Kat was alweer bij de villa van de magiër,
een straat verderop.
Het huis was witter en mooier en groter
dan alle andere villa's van de stad.
Eromheen lag een prachtige tuin, met een oeroude eik
en een trieste treurwilg.

In een paar sprongen was Kat bij de voordeur.
Even stond hij stokstil — terwijl hij nadacht
bewoog alleen nog het puntje van zijn staart.
De magiër was een gevaarlijke vijand…
Nog gemener, nog knapper dan Kat was hij.
Maar was de magiër ook slimmer?
Kat strekte zijn klauwen en grijnsde,
zijn scherpe hoektandjes schitterden.
Nee, hij dacht het niet!

Kat belde aan en met een zachte zoem
klikte de deur open.

'Kom maar, katje!' riep een stem. 'Kom, poes, poes, poes!'

Kat sloop naar binnen en speurde om zich heen.
Ver weg in het huis klonk een bulderende lach.
Hij volgde de lach door de villa, trappen op, trappen af,
en bij het haardvuur vond hij de man die hij zocht.

De magiër lag op de sofa en bewonderde zichzelf.
Tussen zijn tenen zat een toverstok
die hij heen en weer bewoog als een rietstengel in de wind.
'Wat moet je, poes?' Zijn hangwangen trilden.

'Goeienavond, meneer de magiër, bovenste beste tovenaar
van deze stad', zo vleide Kat.
De magiër glimlachte minzaam en wuifde met de toverstok.
'Al goed, al goed. Ga vooral door.'
'Graag', lispelde Kat. 'Ik ben Kat, met hoofdletter K,
en ik hoorde over uw fantastische toverkunsten.
Wel...' Hij lachte sluw. 'Dat zou ik graag eens met eigen
ogen zien.'

De magiër barstte in lachen uit.

Een harde knal deed de villa daveren en op de sofa lag plots een glanzende leeuw, in machtige tinten geel en bruin.

Hij keek Kat dreigend aan, gromde vervaarlijk en spreidde zijn enorme klauwen.

Kat zette snel een stapje achteruit,
maar hij vertrok geen spier.

'Indrukwekkend, meneer de magiër,
een schitterend dier, absoluut! Maarre…'
Hij streek zich even langs de snorharen.

'Kunt u zich ook veranderen
in een van de allerkleinste dieren?
Ik zeg maar zo… een vlo?'

Met een oorverdovende brul
verdween de leeuw
en op de sofa stuiterde nu
een zwart stipje op en neer.

Bliksemsnel sprong Kat naar voren!

Hij ving het stipje in zijn klauw,
duwde het zo plat als maar kon
en gooide het met een zwaai
in het vuur.
Klaar!

De slee van de burgemeester gleed voorbij.
'STOP!' gilde Fiorella en ze liet Johnny's hand los.
Fiorello Henry La Guardia vloekte en remde uit alle macht.
Vlak voor de auto stond alweer dat verduivelde beest!

Kat bleef onverstoorbaar.
Hij tilde zijn hoed op en maakte een zwierige buiging.
'Welkom in het huis van mijn meester', snorde hij,
en hij wees naar de witte villa met de prachtige tuin.
'Welkom in het huis van de *Markies van Carabas*!'

Johnny verslikte zich en werd vuurrood.
Maar Fiorello Henry La Guardia knikte hem tevreden toe
en Fiorella glimlachte verliefd.

Kat gniffelde geniepig.
Hij had het bijna voor elkaar.

Een verhaal dat begint met 'Er was eens',
daarin trouwen ze, altijd.
Of toch bijna altijd.

De stad werd versierd met de reuzenballonnen.
Over de rivier hingen slingers van lichtjes
en de koekjesfabriek gaf gratis koekjes weg.
Iedereen was klaar voor het grootste feest
van de stad en zelfs van het land.

Maar toen kreeg de politie een geheime tip,
van een beest met een hoed en fluwelen laarzen!
'De Markies van Carabas is een bedrieger. Hij heet Johnny.'

Die arme, domme Johnny vloog meteen de cel in.

Hij ging op een bankje zitten, krabde aan zijn neus
en deed toen maar een dutje.

Fiorella huilde even,
een traan of drie.
Toen schudde ze haar lange haren
en keek naar Kat.
Ze wilde hoe dan ook trouwen,
ze had een ontzettende zin in feest!
En een slimme Kat was vast beter
dan een suffe Johnny.

Kat legde zijn poot om haar heen
en grijnsde van oor tot oor.

Ze gingen gezellig in de
witte villa wonen.
Het haardvuur knetterde,
de sofa zat lekker.

En Kat?
Die leefde nog lang en geniepig.

Voor Gregory & Georges

Overeenkomsten met bestaande personen, dieren, situaties, gebouwen
en auto's... berusten niet altijd louter op toeval.
Fiorello Henry La Guardia was burgemeester van New York City van
1934 tot 1945. Hij belandde in dit verhaal om zijn prachtige naam,
die met wat oefening zwierig is uit te spreken.

TEKST — SISKA GOEMINNE
ILLUSTRATIES — SEBASTIAAN VAN DONINCK
GRAFISCH ONTWERP — PAUL BOUDENS

Met steun van het Vlaams Fonds voor de Letteren.

Vlaams
Fonds
voor de
Letteren

WWW.LANNOO.COM

Registreer u op onze website en we sturen u regelmatig een nieuwsbrief met informatie
over nieuwe boeken en met interessante, exclusieve aanbiedingen.

© UITGEVERIJ LANNOO NV, TIELT, 2014

ISBN 978 94 014 1861 4
D/2014/45/295
NUR 273 | 277